MEIN ERSTES SCHULJAHR!

circon

Das bin ich!

Klebe hier ein Foto von dir ein!

So heiße ich: _____

Mein Spitzname: _____

Mein Geburtstag: _____

Mein Sternzeichen: _____

Hier wohne ich: _____

_____

Zu meiner Familie gehören: _____

_____

Meine Augenfarbe:

A B C

Meine Haarfarbe:

Das kann ich richtig gut:

_____

_____

So groß bin ich:

+ 145 cm
+ 140 cm
+ 135 cm
+ 130 cm
+ 125 cm
+ 120 cm
+ 115 cm
+ 110 cm
+ 105 cm
+ 100 cm
+ 95 cm

Meine Lieblingsfarben:

Das will ich später einmal werden:

Mein Lieblingstier:

Hier ist Platz zum Malen!

Das finde ich richtig toll:

☐ Pferde ☐ Prinzessinnen
☐ Einhörner ☐ Zauberer
☐ Tiere ☐ Meerjungfrauen
☐ Blumen ☐ Puppen
☐ Glitzer ☐ Feen

Kreuze an!

Mein/e Lieblings...

...essen: _____

...getränk: _____

...lied: _____

...geschichte: _____

...spiel: _____

...serie: _____

...zeichentrickfigur: _____

...verkleidung: _____

Das mag ich gar nicht:

_____

_____

Meine Hobbys: _____

_____

_____

Bald ist es so weit!

In _____ Tagen/Wochen werde ich eingeschult.

Ich …

☐ … kann es kaum noch erwarten und freue mich schon sehr!

☐ … bin noch gar nicht aufgeregt.

☐ … _____

_____

_____.

Darauf freue ich mich besonders:

Mitschüler/innen

Lesen

Pause

Ferien

neue Freunde

Rechnen

meine Schultüte

Sport

Musik

meine Lehrer/innen

Schreiben lernen

Kreise ein, was auf dich zutrifft!

Bisher bin ich in diesen Kindergarten/-hort gegangen: _____

_____

Ich war in dieser Gruppe: _____

_____

Mein/e Erzieher/in hieß: _____

_____

Das hat mir am Kindergarten am besten gefallen: _____

_____

_____

Klebe hier ein Foto
aus deinem
Kindergarten ein!

Diese Kinder aus meinem
Kindergarten treffe ich
in der Schule wieder:

_____

_____

_____

_____

_____

Ich war in der Vorschule:

☐ Ja   ☐ Nein

Das haben wir dort
gemacht/gelernt:

Kreuze an!

Dass meine Kindergartenzeit vorbei ist, ...

☐ ... macht mir nichts aus, ich freue mich
schon richtig auf die Schule!

☐ .... macht mich ein bisschen traurig, dort
hat es mir nämlich sehr gut gefallen.

☐ ... _____

_____

_____.

DAS WÜNSCHT MIR MEINE FAMILIE ZUM SCHULANFANG!

Hier ist Platz für eure Wünsche!

Klebe hier ein Foto deiner Familienmitglieder ein!

$1 + 4 = 5$

Klebe hier ein Foto deiner Familienmitglieder ein!

Klebe hier ein Foto deiner Familienmitglieder ein!

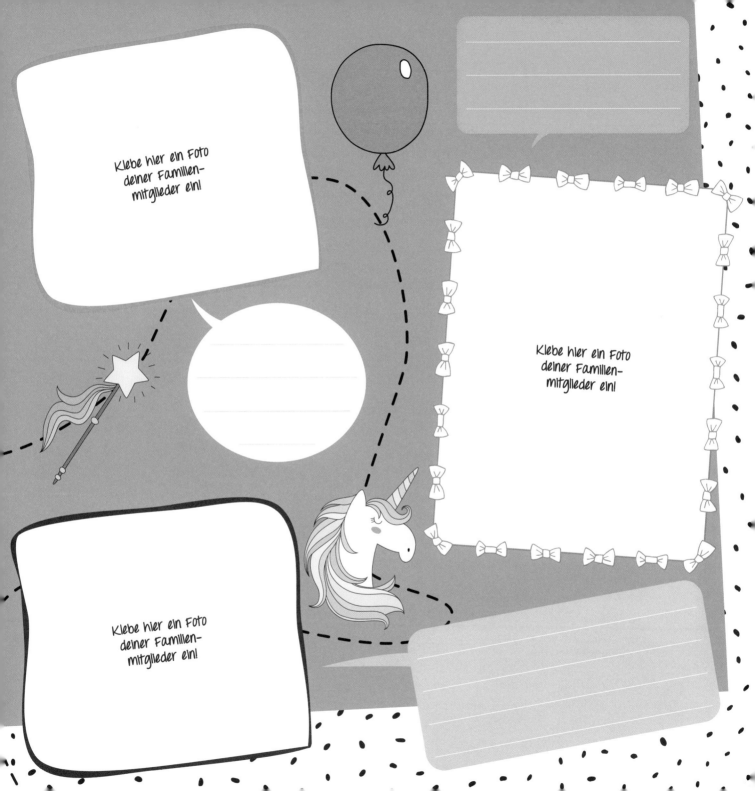

Klebe hier ein Foto deiner Familienmitglieder ein!

Klebe hier ein Foto deiner Familienmitglieder ein!

Klebe hier ein Foto deiner Familienmitglieder ein!

Mein erster Schultag!

So früh bin ich aufgestanden.

Zeichne hier die Uhrzeit ein!

Am _____ wurde ich eingeschult.

So habe ich mich gefühlt:

☐ total aufgeregt

☐ sehr neugierig

☐ etwas nervös

☐ _____

Das habe ich gefrühstückt: _____

_____

Das habe ich an diesem besonderen Tag angezogen:

_____

Um _____ Uhr haben wir uns auf den Weg in

die Schule gemacht.

So war das Wetter:

Kreuze an! ➔

☐ _____

So war mein erster Schultag: _____

_____

_____

So wurden wir in der Schule begrüßt:

Das hat mir an diesem Tag besonders gut gefallen:

_____

_____

Diese Person/en hat/haben mich begleitet:

_____

_____

_____

_____

_____

Klebe hier ein Foto ein!

Das bin ich an meinem ersten Schultag!

Meine Schultüte

So sieht meine Schultüte aus:

Male hier deine Schultüte oder klebe ein Foto von ihr ein!

Meine Schultüte ist …

☐ …selbst gebastelt.

☐ …gekauft.

☐ …ein Geschenk von:

_____

Das war alles in meiner Schultüte:

Das habe ich sonst noch geschenkt bekommen:

_____

_____

Am meisten gefreut habe ich mich über:

_____

Meine Einschulungsfeier!

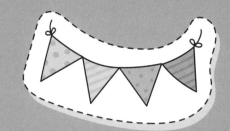

Hier haben wir nach meinem ersten Schultag gefeiert:

_____

_____

1A

Mit mir gefeiert haben:

_____

_____

_____

_____

_____

_____

Das haben wir gemacht: _____

_____

_____

B

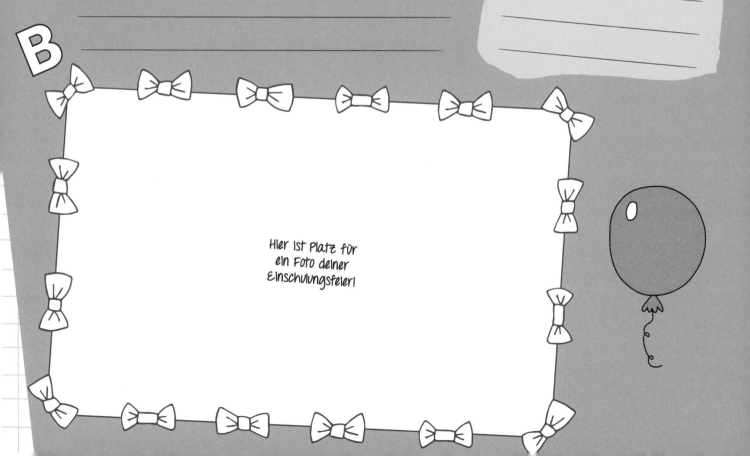

Hier ist Platz für ein Foto deiner Einschulungsfeier!

Meine Schultasche

Meine Schultasche habe ich am _____ bekommen.

Gepackt habe ich meine Schultasche zusammen mit:

Das ist alles in meiner Schultasche:

Klebe hier ein
Foto deiner
Schultasche ein!

Das gefällt
mir besonders daran:

_____

_____

_____

_____

Mein Stundenplan

Uhrzeit	Montag	Dienstag	Mittwoch	Donnerstag	Freitag

Das ist meine Schule!

Meine Schule heißt: _____

Adresse: _____

_____

Telefonnummer: _____

E-Mail: _____

Internetadresse: _____

Das ist unser
Schulleiter/unsere
Schulleiterin:

_____

_____

So sieht meine
Schule aus:

**Klebe hier ein
Foto deiner Schule
ein oder male ein
Bild von ihr!** ➤

Das mag ich an meiner Schule:

_____

Mein Schulweg

Mein Schulweg ist _____ Meter lang.

So lange brauche ich morgens in die Schule: _____ Minuten

Um diese Zeit gehe ich morgens aus dem Haus:

Zeichne hier die Uhrzeit ein!

So komme ich zur Schule:

☐ zu Fuß

☐ mit dem Bus

☐ mit dem Auto

☐ mit dem Fahrrad

☐ _____

Kreuze an!

Das bin ich auf meinem Weg in die Schule:

Klebe hier ein Foto von dir auf dem Weg in die Schule ein!

Diese ☐ Mitschüler/innen ☐ Nachbarskinder ☐ Freund/innen ☐ _____ begleiten mich: _____

_____

_____

_____

Das sind meine Lehrer/innen!

Male hier ein Bild deines Klassenlehrers/ deiner Klassenlehrerin!

Mein/e Klassenlehrer/in heißt:

So sieht er/sie aus:

So ist mein/e Klassenlehrer/in:

gut gelaunt

nett

ungeduldig

streng

lustig

geduldig

sportlich

liebevoll

fantasievoll

musikalisch

ernst

verständnisvoll

stark

sympathisch

Das mag ich an ihm/ihr besonders:

_____

_____

Das ist mein/e Lieblingslehrer/in:

_____

Diese Lehrer/innen unterrichten mich sonst noch:

Name:	Fach:

Kreise ein, was auf deine/n Klassenlehrer/in zutrifft!

Das ist unser Klassenzimmer!

Klebe hier ein Foto deines Klassenzimmers ein oder male ein Bild davon!

An unserem Klassenzimmer mag ich besonders, dass ...

_____

_____

_____

_____

_____ .

Ich sitze in der ___ . Reihe.

Meine Banknachbar/innen heißen:

_____

_____

Das ist meine Klasse!

Ich gehe in die Klasse 1 _____ .

Wir sind _____ Schüler:

_____ Mädchen und

_____ Jungen.

Das mag ich an meiner Klasse:

_____

_____

_____

_____

Hier ist Platz
für euer
Klassenfoto!

Das sind meine Mitschüler/innen!

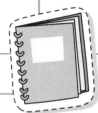

Meine erste Schulwoche!

In meiner ersten Schulwoche ...

	Ja!	Nein!
... habe ich viel gelernt!	☐	☐
... fand ich alles sehr aufregend!	☐	☐
... fiel mir das frühe Aufstehen schwer.	☐	☐
... habe ich viele neue Freunde gefunden.	☐	☐

Kreuze an!

Das haben wir gemacht,
um uns kennenzulernen:

_____
_____
_____
_____

Das haben
wir alles gelernt:

_____
_____
_____
_____

So heißen meine Schulbücher:

_____
_____
_____
_____
_____

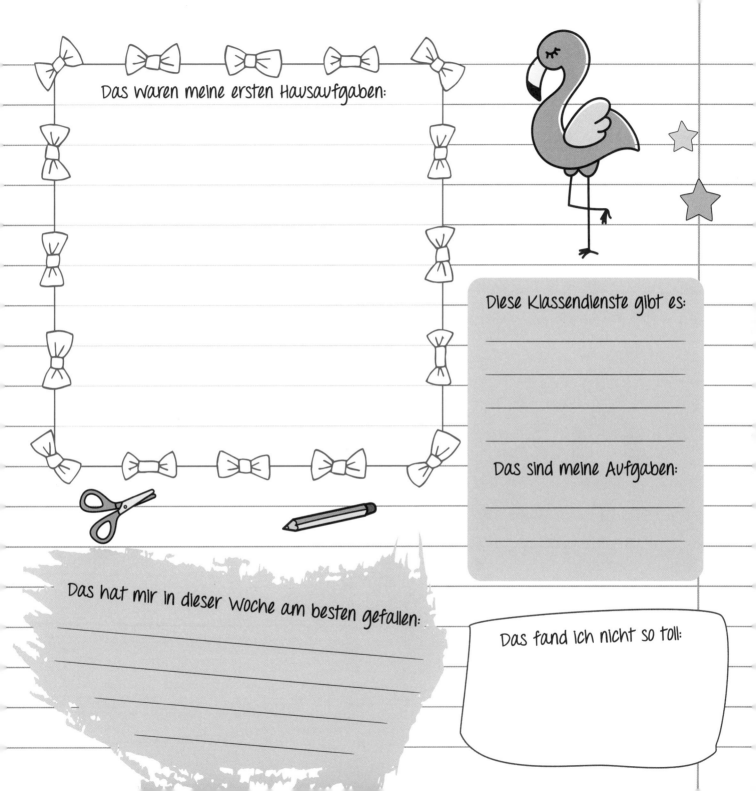

Das waren meine ersten Hausaufgaben:

Diese Klassendienste gibt es:

Das sind meine Aufgaben:

Das hat mir in dieser Woche am besten gefallen:

Das fand ich nicht so toll:

Pausenzeit!

Meine allererste große Pause fand ich ...

gut

Das war mein erstes Pausenbrot:

Honig

Die große Pause
dauert **75** Minuten
und beginnt um
_____ Uhr.

So war das Wetter:

sonnik

Das haben wir in der ersten großen Pause
gemacht: _zugekugt_

_____

_____

_____

Das gibt es alles auf unserem Pausenhof:

_____

_____

_____

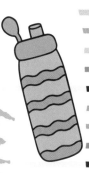

Am liebsten spiele ich mit:

_____

_____

_____

_____

Das esse und trinke ich
in der Pause am liebsten:

_____

_____

_____

_____

_____

Wenn wir nicht spielen,
dann machen wir das:

_____

_____

_____

_____

_____

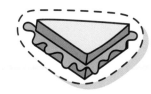

Meine Schulfächer

B

Das haben wir in der ersten Deutschstunde gemacht:

_____

_____

_____

Das war der allererste Buchstabe, den ich gelernt habe:

Diese Buchstaben kann ich inzwischen schon alle schreiben:

Mein erstes Wort, das ich schreiben konnte:

Mein erster ganzer Satz:

Fee

Meine Schulfächer

Das gefällt mir am Deutschunterricht am besten:

_____

_____

A

Mein Lieblingsbuchstabe ist:

Meinen Namen kann ich auch schon schreiben:

Delfin

Male die Buchstaben und Bilder aus!

A

C

B

Blume

Meine Schulfächer

Mathematik

Das haben wir in der ersten Mathematikstunde gemacht:

_____

_____

_____

Das gefällt mir am Mathematikunterricht am besten:

_____

_____

_____

_____

_____

Diese Zahlen kenne ich schon!

Male alle Zahlen aus, die du schon kennst!

2 8 6 3 9 1 7 5 4

Meine Lieblingszahl ist:

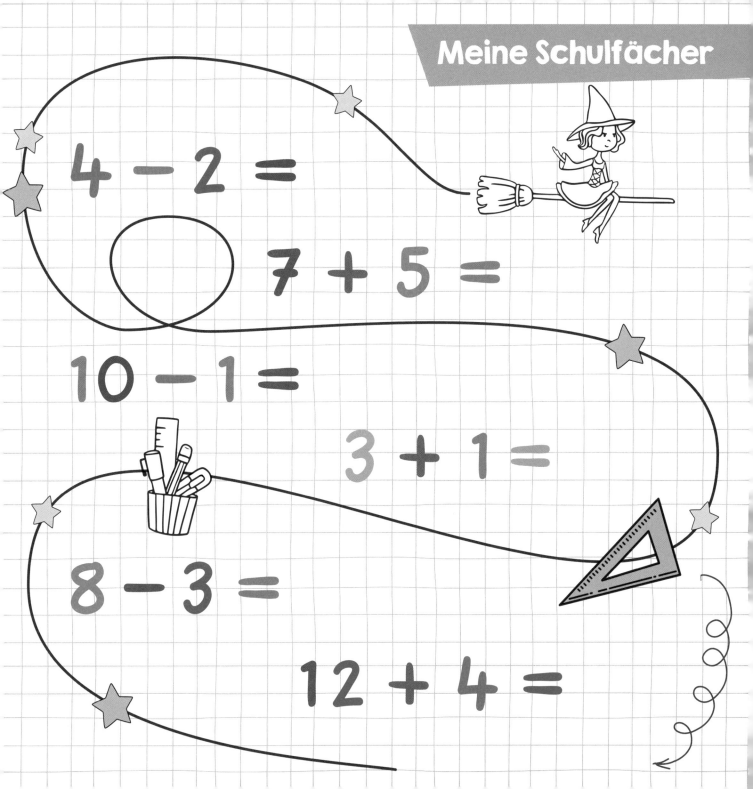

$4 - 2 =$

$7 + 5 =$

$10 - 1 =$

$3 + 1 =$

$8 - 3 =$

$12 + 4 =$

Meine Schulfächer

Sachunterricht

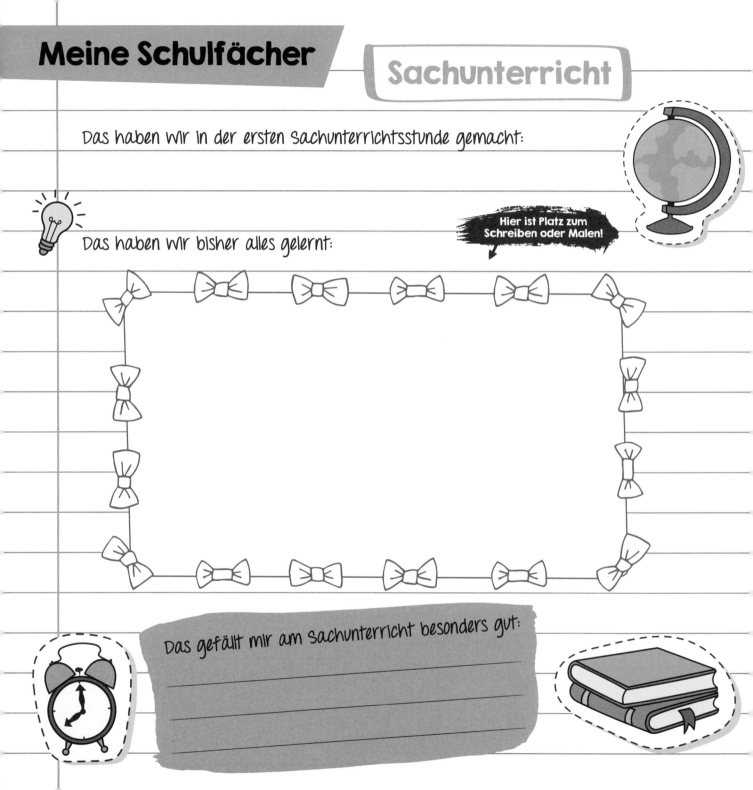

Das haben wir in der ersten Sachunterrichtsstunde gemacht:

Das haben wir bisher alles gelernt:

Hier ist Platz zum Schreiben oder Malen!

Das gefällt mir am Sachunterricht besonders gut:

Musik

Das haben wir in der ersten Musikstunde gemacht:

_____

_____

Dieses Musikinstrument mag ich am liebsten: _____

Mein Lieblingslied heißt:

_____

_____

_____

Diese Lieder singen wir im Unterricht:

_____

_____

_____

Am liebsten mag ich am Musikunterricht, dass ...

_____

_____

_____

Dieses Musikinstrument kann ich bereits spielen oder möchte ich gerne lernen:

_____

_____

_____

Meine Schulfächer

 Kunst

Das haben wir in der ersten Kunststunde gemacht:

_____

_____

MEIN ALLERERSTES KUNSTWERK!

Das gefällt mir am Kunstunterricht am besten:

_____

_____

_____

_____

_____

_____

Klebe hier ein Foto deines ersten Kunstwerks ein oder male noch mal eines!

Meine Schulfächer

Sport

Das haben wir in der ersten Sportstunde gemacht:

_____
_____
_____
_____

Das habe ich in meinem Turnbeutel alles dabei:

_____
_____
_____
_____
_____
_____
_____

Das haben wir bisher alles im Sportunterricht gemacht:

Das macht mir am meisten Spaß:

_____
_____
_____

Ich bin lieber...

☐ ... in der Turnhalle.

☐ ... draußen auf dem Sportplatz.

Nach der Schule!

Bel meinen Hausaufgaben
hilft mir:

_____

_____

_____

Das mache ich nach der Schule:

☐ Ich gehe/fahre nach Hause.

☐ Ich gehe in folgende Nachmittagsbetreuung:

_____

So lange brauche ich normalerweise
für meine Hausaufgaben:

_____

Diese Hausaufgaben mache ich am liebsten:

_____

Das macht mir keinen Spaß:

_____

Das mache ich, wenn ich mit
meinen Hausaufgaben fertig bin:

schlafen   singen

Hörbücher anhören

basteln

draußen sein

fernsehen   Musik machen/hören

sport   malen   lesen

mit Freund/innen spielen

Roller fahren   tanzen

essen

auf dem Spielplatz spielen

Kreise ein, was
du am Nachmittag
gerne machst!

AM NACHMITTAG

Mit diesen Freund/innen treffe ich mich zum Spielen:

_____

_____

Das spielen wir sehr gerne:

_____

_____

Das mache ich, wenn ich alleine bin:

_____

_____

_____

Das sind meine Hobbys und Interessen:

_____

_____

_____

AM ABEND

Das mache ich am Abend:

_____

_____

_____

Das mache ich vor dem Einschlafen:

_____

_____

In diesen Unterricht/dieses Training gehe ich am Nachmittag:

_____

_____

_____

Zeichne hier die Uhrzeit ein!

Um diese Zeit gehe ich ins Bett:

Der erste Wandertag!

Am _____ war unser erster Wandertag.

Wir waren in/im _____

_____.

So sind wir dort hingekommen: _____

_____

So war das Wetter:

☐ ☐

☐

☐

☐

☐ _____

Mit dabei waren:

Das haben wir gemacht: _____

_____

_____

_____

_____

Das hat mir am besten gefallen:

_____

_____

_____

_____

_____

Hier ist Platz
für ein Foto!

Hier ist Platz
für ein Foto!

Hier ist Platz
für ein Foto!

Hier ist Platz
für ein Foto!

Meine ersten Schulferien!

Meine allerersten Schulferien waren von _____ bis _____
und haben _____ Woche(n) gedauert.

So heißen diese Ferien:

Seit so vielen Wochen bin ich nun schon Schulkind:

Das haben wir in den Ferien alles gemacht:

_____
_____
_____

Das bin ich in meinen allerersten Schulferien!

Klebe hier ein Foto von dir ein!

 **Winter!**

Am _____ ist der erste Schnee gefallen.

Das haben wir in der Schule über den Winter gelernt:

_____

_____

Dass es früh dunkel wird, finde ich _____

_____ .

Kreuze an!

Das mag ich am Winter:

	Ja!	Nein!
Schnee	☐	☐
Kälte	☐	☐
Eiszapfen	☐	☐
Weihnachten	☐	☐

Das mache ich im Winter am liebsten:

_____

_____

_____

_____

Das haben wir in der Schule gemacht, weil Winter ist:

_____

_____

_____

_____

_____

Bald ist Weihnachten!

Das haben wir in der Schule für Weihnachten gebastelt und gemalt:

Klebe hier ein Foto von deinen Weihnachtskunstwerken ein!

So haben wir unser Klassenzimmer geschmückt:

_____

_____

_____

Diese Weihnachtslieder haben wir gesungen:

_____

_____

_____

Meine liebste Weihnachtsgeschichte:

_____

_____

_____

Das haben wir über Weihnachten gelernt:

_____

_____

_____

_____

Das haben wir in der Adventszeit alles gemacht:

_____

_____

_____

_____

_____

_____

Die Weihnachtsferien beginnen am

_____.

So haben wir zu Hause Weihnachten gefeiert:

Darauf freue ich mich an Weihnachten am meisten:

_____

_____

_____

Hier ist Platz zum Schreiben oder Malen!

Klebe hier ein Foto von deinen Weihnachtsferien ein!

Die fünfte Jahreszeit!

So nennen wir die fünfte Jahreszeit:

☐ Karneval

☐ Fasching

☐ Fastnacht

☐ _____

So haben wir in der Schule gefeiert:

_____

_____

MEIN KOSTÜM:

Meine Mitschüler/innen und Lehrer/innen waren

verkleidet als: _____

_____

_____

_____

_____

_____

Hier ist Platz
für ein Foto!

Diese Verkleidung hat mir
am besten gefallen:

_____

Es wird Frühling!

Das haben wir in der Schule über das Frühjahr gelernt:

_____

_____

_____

_____

_____

Das mag ich am Frühling: Ja! Nein!

Sonnenschein

draußen spielen

Blumen

den Osterhasen

Aprilwetter

Frühlingsblumen

Mein liebstes Frühlingslied:

_____

Das haben wir in der Schule im Frühling gemacht:

_____

_____

_____

_____

Darauf freue ich mich im Frühling am meisten:

_____

_____

_____

Ostern!

So haben wir die Osterzeit in der Schule gefeiert:

_____

_____

_____

_____

_____

Das haben wir über Ostern gelernt:

_____

_____

_____

_____

Das haben wir in der Schule gebastelt und gemalt:

Klebe hier ein Foto
von deinen
Kunstwerken ein!

Male die Ostereier bunt aus!

Diese Lieder haben wir gesungen:

_____

_____

_____

_____

_____

Am

_____

beginnen die
Osterferien.

Darauf freue ich mich in
den Osterferien am meisten:

_____

_____

_____

So haben wir zu Hause
Ostern gefeiert:

_____

_____

_____

_____

Das war in meinem Osternest:

_____

_____

Das habe ich in den
Osterferien alles erlebt:

_____

_____

_____

_____

Klebe hier ein
Foto von deinen
Osterferien ein!

Endlich Sommer!

Das mag ich am Sommer:

Eis essen   Wassermelone

Sommerferien

Kirschen   Fahrrad fahren

Hitzefrei

Sonnenschein   draußen spielen

Ausflüge machen   Urlaub

Wärme

Pusteblumen

baden gehen

spazieren gehen   Bienen

Kreise ein, was du gern magst!

Darauf freue ich mich im Sommer am meisten:

_____

_____

_____

Das war mein schönstes Erlebnis in der Schule im Sommer:

Das haben wir in der Schule über den Sommer gelernt:

_____

_____

_____

Das war der heißeste Tag vor den Sommerferien:

_____

Wir haben Hitzefrei bekommen:

 Ja!   ☐ Nein!

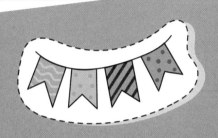

Das haben wir an den letzten Schultagen
vor den Sommerferien gemacht:

_____
_____
_____
_____

Unser Sommerfest war am:
_____

So war das Wetter: _____
_____

Das hat mir
am Sommerfest
am besten gefallen:

_____
_____
_____
_____

Klebe hier ein Foto von
eurem Sommerfest ein!

Unser Schulausflug im Sommer!

Am _____ haben wir wieder einen Schulausflug gemacht!

Wir waren in/im _____

_____ .

So sind wir dort hingekommen: _____

_____

Mit dabei waren:

Das haben wir gemacht:

_____

_____

_____

_____

So war das Wetter:

Kreuze an!

☐ _____

Das hat mir am besten gefallen:

_____

_____

_____

_____

Hier ist Platz
für ein Foto!

Hier ist Platz
für ein Foto!

Hier ist Platz
für ein Foto!

Hier ist Platz
für ein Foto!

Mein erster Geburtstag als Schulkind!

Am _____ habe ich meinen ersten Geburtstag als Schulkind gefeiert!

Ich bin
Jahre alt geworden.

Klebe hier ein
Foto von dir ein!

An diesem Wochentag
hatte ich Geburtstag:

_____

Alles Gute
zum Geburtstag!

Das habe ich an meinem Geburtstag gemacht:

_____

_____

_____

_____

Mit mir gefeiert haben:

_____
_____
_____
_____
_____
_____
_____

Diese Geschenke habe ich bekommen:

Am meisten gefreut habe ich mich über:

_____
_____

Klebe hier ein Foto
von deiner
Geburtstagsfeier ein!

Klebe hier ein Foto
von deiner
Geburtstagsfeier ein!

GEBURTSTAGSKALENDER

Januar

Februar

März

Juli

August

September

April

Mai

Juni

Oktober

November

Dezember

Mein erstes Schuljahr!

Mein Zeugnis habe ich von

_____

bekommen.

Am _____ war der letzte Schultag.

Das haben wir an diesem Tag in der Schule gemacht:

_____

_____

In diesem Fach war ich am besten:

_____

Am meisten Spaß gemacht hat mir dieses Schulfach:

_____

Das habe ich sonst noch alles sehr gerne gemacht und gelernt!

Ausflüge   schreiben

          Musik

                    Feste und Feiern

singen

          lesen

                    zeichnen

Pause

          sport

rechnen   Ferien

Kreise ein, was dir Spaß gemacht hat!

Das war mein schönstes Erlebnis in der Schule im letzten Jahr:

_____

_____

Diese neuen Freund/innen habe ich gefunden:

_____

_____

_____

_____

MEIN ERSTES ZEUGNIS!

**Klebe hier eine (verkleinerte)
Kopie deines Zeugnisses ein!**

DAS HABE ICH IN MEINEM ERSTEN SCHULJAHR GELERNT!

A

Das kann ich schon schreiben:

Lesen kann ich auch schon!

Meine Lieblingsgeschichte aus dem Lesebuch:

Das haben wir in der Schule alles gelesen:

Mein Lieblingslied, das ich im ersten Schuljahr gelernt habe:

Das hat mir im Sportunterricht am meisten Spaß gemacht:

Diese schwierige Rechenaufgabe kann ich lösen!

Das haben wir im Sachunterricht alles gelernt:

Dieses Thema hat mir im Sachunterricht am meisten Spaß gemacht:

B

DAS IST MEIN ALLERSCHÖNSTES KUNSTWERK AUS DEM ERSTEN SCHULJAHR!

Das haben wir alles gebastelt und gemalt:

4

Hier ist Platz für ein Foto!

Jetzt bin ich schon ein Jahr ein Schulkind!

So sehe ich jetzt aus:

So groß bin ich geworden: _____

Klebe hier ein
Foto von dir ein!

Das habe ich im letzten Jahr alles erlebt:

_____

_____

_____

_____

Darauf freue ich
mich im zweiten Schuljahr:

_____

_____

_____

Das war besonders aufregend:

_____

_____

_____

Sommerferien!

Am _____ ist
der erste Ferientag.

Darauf freue ich mich am meisten:

So lange dauern die Sommerferien:

_____

_____

_____

Und das haben wir in den Sommerferien alles gemacht:

Klebe hier ein
Foto von deinen
Sommerferien ein!

Klebe hier ein
Foto von deinen
Sommerferien ein!

Klebe hier ein
Foto von deinen
Sommerferien ein!

Bildnachweis

Illustrationen bunt: Shutterstock.com/mckenna71 (Fee, Einhörner, Zauberstaub, Meerestiere, Muscheln, Meerjungfrauen, bunte Sterne), Shutterstock.com/Darya Vlasova27 (Regenbogen, Schloss, rosa Blume, Kleid), Adobe.Stock.com/Fredy Sujono (Schere, Bleistift, Füller, Geodreieck, Textmarker, Heftklammer, Farbpalette, Pinsel, Glühbirne, Noten, Klebeband), Adobe.Stock.com/Vectorvstocker (Schleife, Wimpelketten, Notizheft,Pausenbrot, Globus, Wecker, Bücherstapel, aufgeschlagenes Buch, Rucksack, Krone, Muffin, Mütze, Schneeflocke, Geburtstagskuchen, Bonbons), Adobe.Stock.com/sad_reindeer (Spitzer, Schultasche, Trinkflasche), Adobe.Stock.com/Elena Pimukova (Marienkäfer, Blumen, Schmetterling, Wassermelone, Segelschiff), Adobe.Stock.com/rudut2015 (Luftballons einzeln, Baum), Adobe.Stock.com/iryna_boiko (Prinzessin, Häschen mit Blume), Adobe.Stock.com/Minur (Federball, Schläger, Fahrrad), Adobe.Stock.com/mitoria (Flamingo), Adobe.Stock.com/designerauge (Schultüte), Adobe.Stock.com/anastasiastoma (Oster-Schmuckillustrationen, Gitarre), Shutterstock.com/tetsuu (Meerjungfrau mit Einhorn), Adobe.Stock.com/Andrey (Weihnachtsbaum), Adobe.Stock.com/mhatzapa (Schneemann), Adobe.Stock.com/wanchana (Tulpe, Kamera, drei Luftballons zusammengebunden);

Illustrationen einfarbig: Adobe.Stock.com/designerauge (Schultüte), Adobe.Stock.com/ iryna_boiko (Herz Schmutztitel), Shutterstock.com/artnLera (Delfin, Wassertropfen, Kringel, Wellen, Herz-, Stern-, Diamant-, Krone-Dekoelemente, aufgeschlagenes Buch), Adobe.Stock.com/designerauge (ABC-Buchstaben), Shutterstock.com/Kseniia Bakshaeva (Schleife), Adobe.Stock.com/carlacastagno (Pinsel mit Farbklecks), Adobe.Stock.com/Victoruler (Puzzleteile, Bleistift), Adobe.Stock.com/melazerg (Sonne, Wolken, Mond), Adobe.Stock.com/wanchana (Stiftebecher, Eiswaffel), Shutterstock.com/H Art (Hexe), Adobe.Stock.com/balabolka (Kürbis), Adobe.Stock.com/jenny on the moon (Kutsche), Adobe.Stock.com/Elena Pimukova (Drachen, Hüpffeld), Adobe.Stock.com/anastasiastoma (Geschenk, Weihnachtskugel), Adobe.Stock.com/Anna Frajtova (Meerestiere, Anker, Algen);

Ausmalbilder: Shutterstock.com/Kseniia Bakshaeva (Auge), Shutterstock.com/primiaou (Haare),Adobe.Stock.com/designerauge (Schultüte), Adobe.Stock.com/Séa (Uhr, Wecker), Adobe.Stock.com/Slanapotam (Deko-Buchstaben), Adobe.Stock.com/katarzyna b (Zahlen), Adobe.Stock.com/nosyrevy (Fee-, Delfin-, Blume-Schriftzug), Shutterstock.com/artnLera (Delfin), Shutterstock.com/ H Art (Fee), Adobe.Stock.com/Veronika (Blume), Adobe.Stock.com/sandybar (Ostereier);

Hintergründe und Textboxen: Adobe.Stock.com/mindfullness (schwarze Punkte), Adobe.Stock.com/Forgem (kariert, liniert), Adobe.Stock.com/AgataCreate (gestrichelt), Adobe.Stock.com/AngellozOlga (bunt gestreift, bunt gepunktet), Adobe.Stock.com/kidstudio852 (Kreise), Adobe.Stock.com/Slanapotam (Buchstaben, Zahlen), Adobe.Stock.com/OneyWhyStudio (Umrahmung Pfeile), Shutterstock.com/Dudi (Umrahmung mit Schleifchen);

Impressum

© Circon Verlag GmbH
Baierbrunner Straße 27, 81379 München
Ausgabe 2021
2. Auflage

Text und Redaktion: Cornelia Giebichenstein
Produktion: Ute Hausleiter
Abbildungen: siehe Bildnachweis oben
Titelabbildungen: Adobe.Stock.com/sunward5 (Hintergrund), Shutterstock.com/mckenna71 (Meerjungfrau, Fee, Zauberstab), Shutterstock.com/Darya Vlasova27 (Schloss), Adobe.Stock.com/designerauge (Schultüte, Buchstaben), Shutterstock.com/artnLera (Kringel, Buch), Adobe.Stock.com/iryna_boiko (Herz), Adobe.Stock.com/Fredy Sujono (Schere, Pinsel), Adobe.Stock.com/sad_reindeer (Spitzer), Adobe.Stock.com/wanchana (Luftballons), Adobe.Stock.com/Elena Pimukova (Blume), Adobe.Stock.com/Шевалдина Елена (Zahlen)
Gestaltung: textum GmbH, Feldafing
Umschlaggestaltung: FSM Premedia GmbH & Co. KG

ISBN 978-3-8174-2476-4
381742476/2

Besucht uns auf Instagram und Facebook: circonverlag

www.circonverlag.de